T0307912

REMODELING TINY LOFTS. Creating an upper level
Copyright © 2017 Instituto Monsa de ediciones

Editor, concept, and project director
Anna Minguet

Project's selection, design and layout
Patricia Martínez (equipo editorial Monsa)

INSTITUTO MONSA DE EDICIONES
Gravina 43 (08930)
Sant Adrià de Besòs
Barcelona (Spain)
Tlf. +34 93 381 00 50
www.monsa.com
monsa@monsa.com

Visit our official online store!
www.monsashop.com

Follow us!
Facebook: @monsashop
Instagram: @monsapublications

Cover image © Paul Warchol (Interlocking Puzzle Loft)
Back cover image © Germán Cabo (Loft in an old Fisherman's House)

ISBN: 978-84-16500-52-9
D.L. B 11805-2017
Printed by Cachimán Grafic

REMODELING TINY LOFTS
Creating an upper level

monsa

INTRODUCTION

Possibly, the first image that comes to mind when we think of a loft is an open space, with very few or no walls; it is a large transparent area, with light being a key element, and it is the outcome of a clear intention to reflect the personality of its inhabitants.

Their aim is to imbue each space with its own, clearly recognizable character. It is worth remembering that within the impersonality of the modern city, the loft, which is essentially an urban construction, is an ideal way of converting one's own home to a unique space that reflects and extends the personality of those who dwell there.

But, what happens when the available space is limited? Can the spirit of the loft be attained in just a few square meters of living space?

The intention of this book is to demonstrate that not only is it possible, but also that often these compact solutions can stand on their own in comparison with the enormous lofts of London or Manhattan. This is indeed a challenge for architects, since they must put into play all their ingenuity, technique, and talent to achieve this: gaining space by taking advantage of high ceilings; installing glass panels or sliding doors, which open up the space without sacrificing privacy; choosing a light palette of colors, enhanced with highly individual decorative elements; making the most of natural light; almost obsessively pursuing practicality without sacrificing esthetics—all of these are a constant in the projects that we have selected.

And even though most of them are small, all of them demonstrate how it is possible to convert what could be a small apartment into a spacious loft. This is achieved by using great care in the design and selecting finishes that divert our attention from the space limitations.

Posiblemente, la primera imagen que nos viene a la cabeza cuando pensamos en un loft es la de un amplio espacio, con muy pocas o sin apenas paredes; una gran zona diáfana, con la luz como protagonista y con una voluntad clarísima de reflejar la personalidad de sus habitantes.

La intención es dotar a cada espacio de un carácter propio y claramente reconocible. Y es que no hay que olvidar que dentro de la impersonalidad que a menudo impone la ciudad moderna, el loft (construcción esencialmente urbana) es una forma idónea de convertir la propia vivienda en un espacio único y singular, como un reflejo y una extensión de la personalidad de sus habitantes.

¿Pero, qué sucede cuando la cantidad de espacio disponible es limitada? ¿Es posible conseguir el espíritu loft en pocos metros?

En este libro hemos intentado mostrar que no solo es posible, sino que a menudo las soluciones no tienen nada que envidiar a los enormes lofts de Londres o Manhattan. Una situación que se convierte en un reto para el arquitecto, ya que le exige poner en juego todo su ingenio, técnica y talento para lograrlo: desde el aprovechamiento de la altura de los techos para ganar espacio al espacio, hasta el uso de paneles de cristal o puertas correderas, que permiten obtener áreas diáfanas sin renunciar, a su vez, a la intimidad; la utilización de una paleta de colores clara, enriquecida con elementos decorativos con gran personalidad; el aprovechamiento al máximo de la luz natural y una búsqueda casi obsesiva de la practicidad sin renunciar a la estética... todas estas soluciones son una constante en los proyectos que hemos seleccionado.

Y aunque la inmensa mayoría consta de una superficie muy limitada linealmente, en todos vemos como lo que podría ser un pequeño apartamento se convierte en un amplio y original dúplex, con un diseño muy cuidado y con acabados que nos hacen olvidar la limitación de espacio.

INTERLOCKING PUZZLE LOFT

KYU SUNG WOO ARCHITECTS

New York, NY, United States
60 m² | 645.83 sq ft
Photos © PAUL WARCHOL

Constructed like a jigsaw puzzle with perfectly fitting pieces, this loft makes the most of its very limited space. The design takes advantage of the extra space formed by the vaulted ceiling to create elements that are just the right size, such as the bed platform, with cupboards both above and below. The color scheme is chosen especially to go with the materials that are used. The glass partition that separates the sleeping area from the living room allows in the natural light.

En un espacio muy reducido, este loft se construye como un puzzle cuyas piezas encajan a la perfección con el fin de obtener el máximo espacio posible. Aprovechando el techo abovedado, se opta por crear elementos que se adapten a este desnivel, como la plataforma que lleva a la cama y los armarios por encima y debajo de ella. La paleta de colores está especialmente escogida acorde los materiales usados. Una mampara de cristal divide la zona de dormitorio de la sala de estar dejando pasar la luz natural.

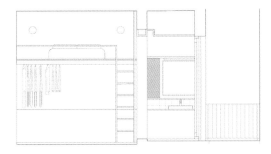

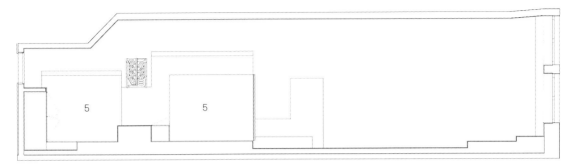

Mezzanine plan

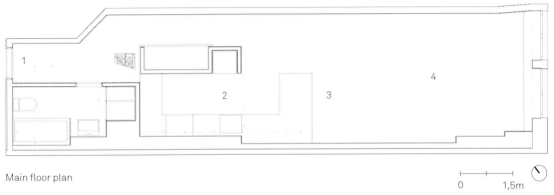

Main floor plan

0   1,5m

1. Entrance
2. Kitchen
3. Dining area
4. Living room
5. Sleeping platform

The bed platform bridges the space above the kitchen and is open to the living area. The staircase fits perfectly into the structure which, on the inside, serves as a storage system.

La pasarela donde se ubica la cama está encima de la cocina, abierta hacia la sala de estar. La escalera se integra perfectamente en la estructura que, por su parte interior, sirve de sistema de almacenaje.

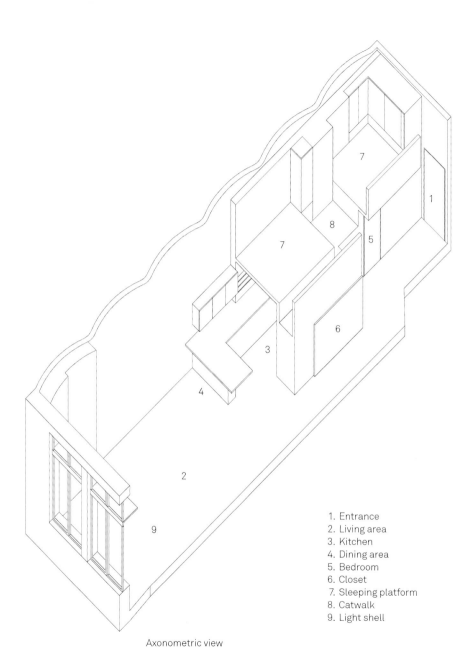

1. Entrance
2. Living area
3. Kitchen
4. Dining area
5. Bedroom
6. Closet
7. Sleeping platform
8. Catwalk
9. Light shell

Axonometric view

LOFT WITH SPIRAL STAIRCASE

MATTIA OLIVIERO BIANCHI - MOB ARCHITECTS

Rome, Italy
60 m² | 645.83 sq ft
Photos © VINCENZO TAMBASCO

This historic downtown building from the 1850s has been remodeled into a refined and eccentric loft with an industrial feel. The choice was made to construct an ample, luminous space, with its two levels joined by a spectacular sinusoidal staircase that dominates the scene. The materials and the custom-made furniture help create an exclusive atmosphere overall.

Ubicado en un edificio histórico de 1850 del centro de la ciudad, la reforma convierte esta vivienda en un refinado y excéntrico loft con aire industrial. Se opta por construir un espacio amplio y luminoso distribuido en dos niveles unidos por una espectacular escalera sinusoidal que domina toda la vista. Los materiales utilizados así como los muebles hechos a medida contribuyen a crear una atmósfera muy exclusiva a todo el conjunto.

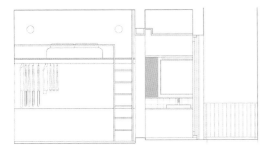

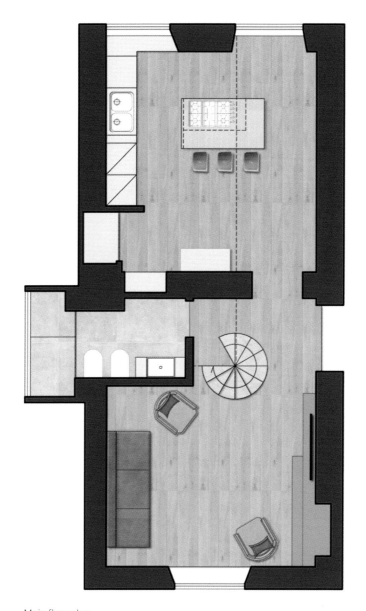

Main floor plan

The nearly unobstructed lower level is made up of the living room, dining room/kitchen, and the main bathroom.

En la parte inferior de la vivienda encontramos, prácticamente sin solución de continuidad, la sala de estar, la cocina-comedor y el baño principal.

Practically nothing remains of the original structure. Walls and internal partitions have been eliminated in an effort to achieve a seamless effect.

Del diseño y estructura original no se respeta prácticamente nada, se han eliminado paredes y particiones internas y se ha conseguido dar una gran continuidad a los espacios.

The upper level holds the bedroom and a second bath. The completely restored vaulted ceiling, made of brick, helps establish continuity between the living room and the bedroom.

En el nivel superior se ubican la habitación y un segundo baño. El techo, restaurado por completo, de ladrillos en forma de bóveda, contribuye a establecer una continuidad entre el salón y la habitación.

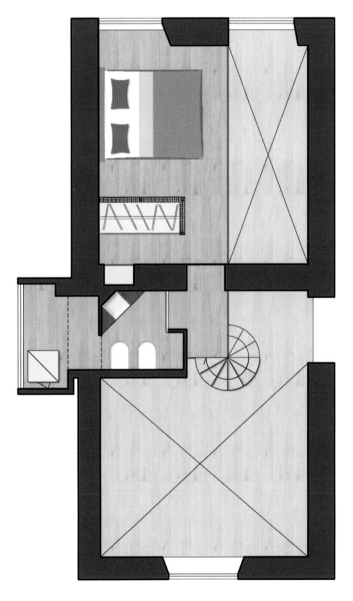

Mezzanine plan

LOFT "CAN FELIPA"

JOSEP CANO

Barcelona, Spain
64 m² | 688.89 sq ft
Photos © NICOLÁS FOTOGRAFÍA

This old urban industrial space was carefully renovated into a home where height is a key factor. The fact that original elements were restored converts the space into the very essence of a loft. This essence is extended as new structures and materials are added that provide luminosity while maintaining a uniform color scheme. The layout meets all the requirements of comfortable living within a serene, welcoming environment.

En esta vivienda, situada en un antiguo espacio industrial de la ciudad, se lleva a cabo una intervención cuidadosa donde la altura es la protagonista. La restauración de los elementos originales aporta la esencia *loft* al espacio. Esta sensación se magnifica con la incorporación de estructuras y nuevos materiales que le dan luminosidad manteniendo una uniformidad cromática. Los espacios están distribuidos cubriendo las necesidades para poder vivir confortablemente dentro de un ambiente sereno y acogedor.

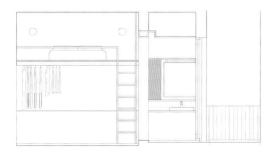

The height of the roof, so crucial to the historic industrial use of the loft, made it possible to install a mezzanine, which is the site for perfectly differentiated zones for work and rest.

Se aprovecha la altura de techo propia del antiguo uso industrial del loft para levantar un altillo en el que se ubican, perfectamente diferenciadas, las zonas de trabajo y de descanso.

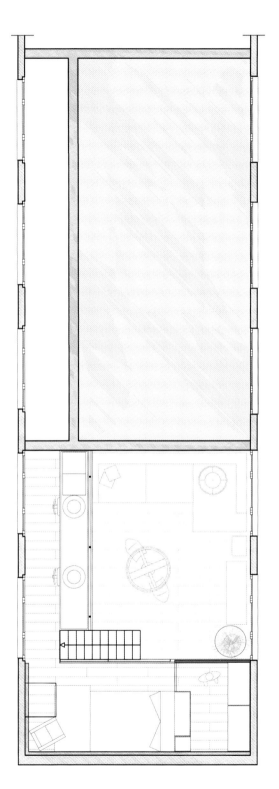

Mezzanine plan

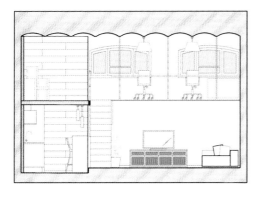

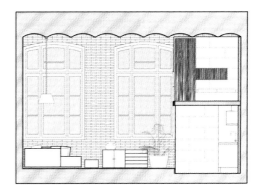

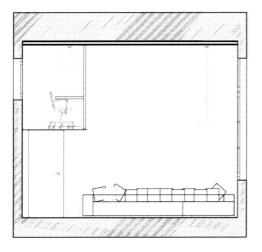

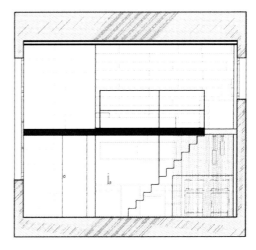

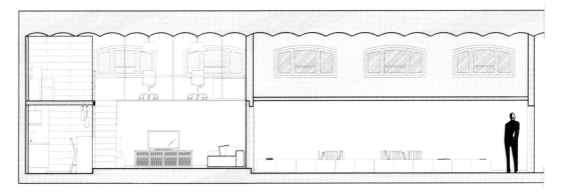

Sections

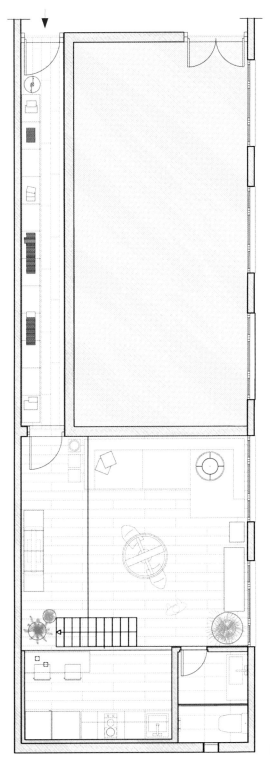

The plans and the sections clearly show how the elevated platform has been the key to making the best possible use of the space, with a bright and spacious area on the ground floor for daytime use.

Tanto en las plantas como en las secciones se puede apreciar como mediante la plataforma elevada se ha conseguido sacar el máximo provecho al espacio, dejando una zona de día amplia y diáfana en la planta inferior.

Ground floor plan

RUSTIC-STYLE LOFT

DE GOMA / NEUS CASANOVA

Barcelona, Spain
65 m² | 699.65 sq ft
Photos © NEUS CASANOVA

Here, the entire original structure was revamped to increase its functionality and spaciousness, and provide a higher quality of life. The living area is a large open space shared by the living and dining rooms; the highlights here are the original rock walls and the timber roof beams. Some of the borders of the original hydraulic floor tiles have been preserved; these delineate different distribution areas, such as the foyer / study and the dining room; these maintain the footprint of the previous apartment.

Se reforma de manera integral la estructura original para mejorar su funcionalidad, aumentar la sensación de amplitud y ganar calidad de vida. La zona de día es un gran espacio abierto que comparten salón y comedor, en el que destaca la presencia de la pared de piedra original, y las vigas de madera del techo. Se mantienen algunas cenefas de las baldosas hidráulicas originales que permiten delimitar zonas de distribución, como el recibidor / estudio y el comedor, y conservan la huella del piso anterior.

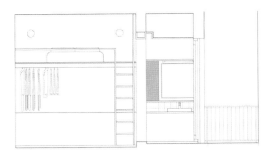

The combination of white walls, exposed brick, and wood give this cottage-style space a warm and homey feel.

La combinación de paredes blancas, ladrillo visto y madera confieren al espacio un punto rústico y cálido a la vez.

The bunk that comprises the sleeping quarters makes the most of the limited space; its headboard is the outer wall of a closet, and there are two large drawers beneath it.

El dormitorio, de dimensiones muy pequeñas, fue diseñado para aprovechar al máximo el espacio con un armario en su cabezal y dos grandes cajones en su parte inferior.

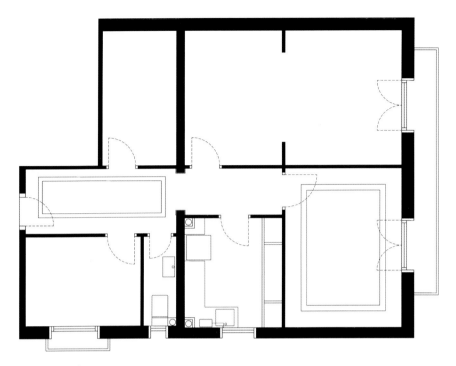

Floor plan before

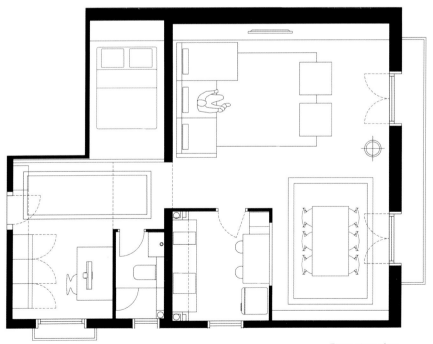

Floor plan after

At night, the welcoming foyer/study serves as an open space that lets natural light into the bedroom.

El recibidor-estudio da la bienvenida a la casa y actúa como un espacio diáfano en la zona de noche, permitiendo la entrada de luz natural al dormitorio.

FROM SHOP TO LOFT

R3ARCHITETTI

Turin, Italy
70 m² | 753.5 sq ft
Photos © JACOPO GALLITTO (TWINPIXEL)

Loft duplex constructed over an old store for a young businessman. The tall narrow look of the dwelling is used to embody an architectural section design, invoking a loft that turns into a duplex. The layout places the living and working zones, along with the kitchen and master bedroom, on the lower floor. On the second level there is a bedroom and another study / work space that overlooks the living room.

Loft dúplex construido encima de una antigua tienda para un joven empresario. La altura y estrechez de la vivienda se utilizan para dar vida a un diseño arquitectónico en sección, imaginando un loft que da vida a un dúplex. La distribución está contemplada de forma que la zona de vivir y trabajar, junto con la cocina y el dormitorio principal, están en la planta inferior. En el segundo nivel encontramos una habitación y otra área de estudio / trabajo con vistas a la sala de estar.

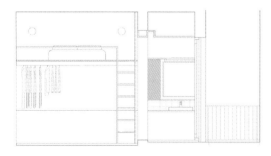

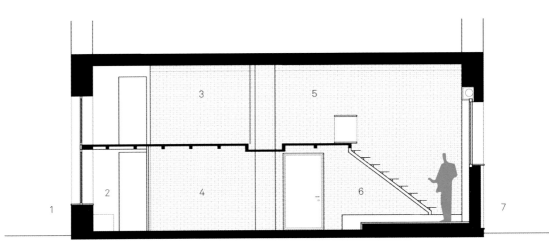

Longitudinal section

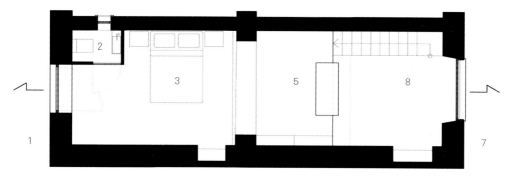

Second floor plan

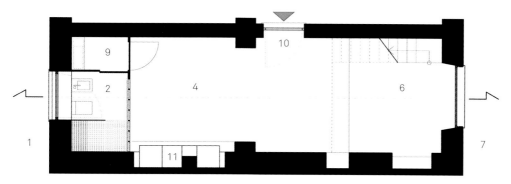

Ground floor plan

1. Courtyard
2. Bathroom
3. Bedroom
4. Dining room / Working space
5. Studying room / Working space
6. Living room / Meeting room
7. Street side
8. Empty space over the living room
9. Dressing room
10. Entrance
11. Kitchen

In this multi-functional loft, the areas that are not used for working, like the kitchen and bedroom, are hidden by curtains; this allows inhabitants to move quickly from one space to another.

En este loft diseñado de manera multifuncional, las áreas no destinadas a trabajar, como la cocina o la habitación, quedan escondidas por cortinas que permiten una rápida transición de un espacio al otro.

To increase the sense of spaciousness, the walls have been painted white, and two large windows have been installed in the side walls to allow natural light to enter.

Para aumentar la sensación de amplitud, las paredes han sido pintadas en color blanco y se han abierto dos grandes ventanas en las paredes laterales del apartamento para que pueda entrar la luz natural.

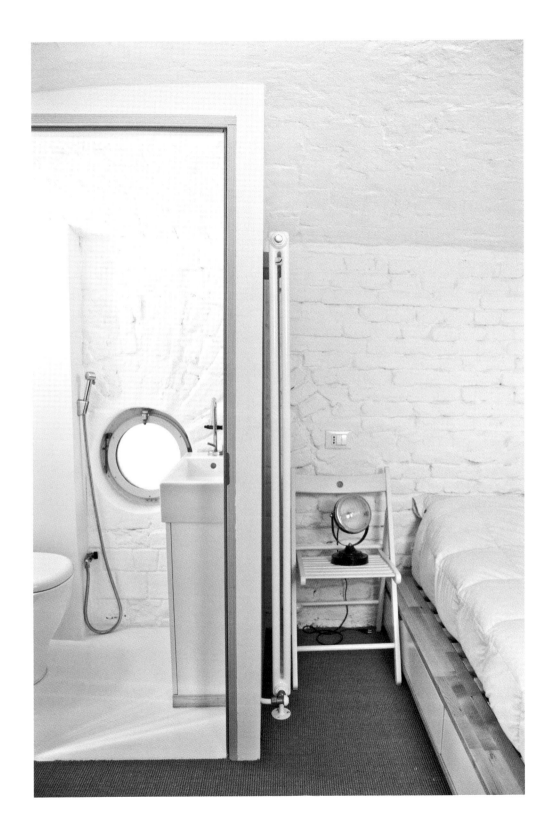

LOFT IN AN OLD FISHERMAN'S HOUSE

AMBAU, TALLER D'ARQUITECTES

València, Spain
73 m² | 785.77 sq ft
Photos © GERMÁN CABO

This older home is located very near a popular beach in Malvarrosa, Spain. The reinterpretation of its interior retains only those elements that actually add value, eliminating those that do not. This home now occupies the upper floor of the original building, which at one time was reached via a narrow stairway. A small platform has been added, and it appears to float in the above-kitchen space that separates the two stories.

Esta antigua casa, ubicada muy cerca de la popular playa de la Malvarrosa, es reinterpretada en la reforma de sus interiores para conservar sólo aquellos elementos que aportan un valor y eliminar aquellos que no lo hacían. La vivienda ocupa ahora la planta superior de la edificación original, a la que se accedía a través de una estrecha escalera. Se añade una pequeña plataforma que parece flotar en medio del espacio justo encima de la cocina y que separa la parte inferior de la superior.

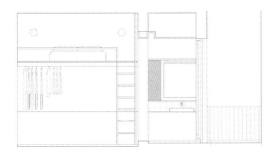

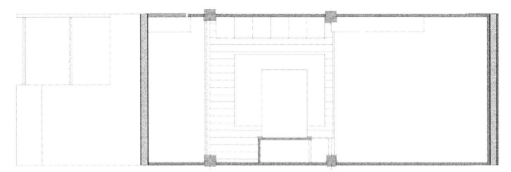

Upper floor plan

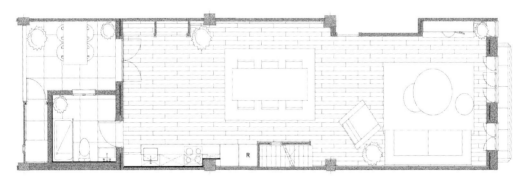

Lower floor plan

Some of the original elements of the interior design have been restored and upgraded, and then recombined with others with more modern lines.

Se han potenciado los elementos originales en el diseño interior, restaurándolos y combinándolos con otros de líneas más modernas.

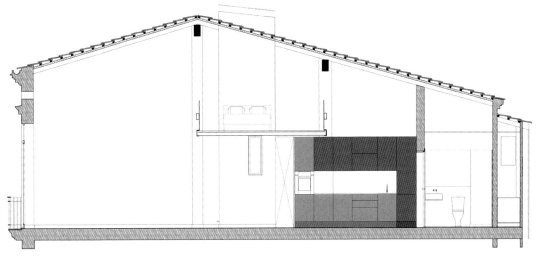

Sections

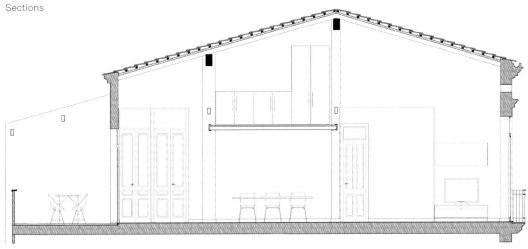

Because the owner required only one bedroom and a terrace, the plan is open, with the only partitioned room being the bathroom.

Debido a que el propietario solo necesita una habitación y una terraza, el espacio se plantea como un loft sin particiones, donde solo se aísla el baño.

SCANDINAVIAN LOFT

INDRĖ SUNKLODIENĖ / INARCH - INTERJERO ARCHITEKTŪRA

Vancouver, British Columbia, Canada
85 m² | 914.93 sq ft
Photos © LEONAS GARBAČAUSKAS

This loft, with its decidedly Scandinavian look, was designed to be lived in by a young couple. The kitchen, dining room, and living room are located on the lower of its two floors. The combinations of the materials on its walls, floors, and furniture—wood, cement, concrete, and tiling—contribute both contrast and warmth to the space. Every inch is made use of; for example, the staircase is used for storage, and a bench is built over the radiator.

Este loft de look claramente escandinavo, está concebido para ser habitado por una pareja joven. Organizado en dos plantas, en la zona inferior encontramos la cocina, el comedor y sala de estar. La combinación de materiales en paredes, suelos y muebles como la madera, cemento, hormigón y azulejos aportan contraste a la par que calidez al espacio. Se aprovechan al máximo todos los rincones, así la escalera se usa como espacio de almacenamiento y se construye un banco encima del radiador.

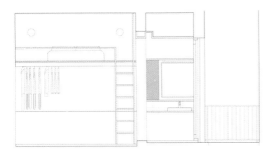

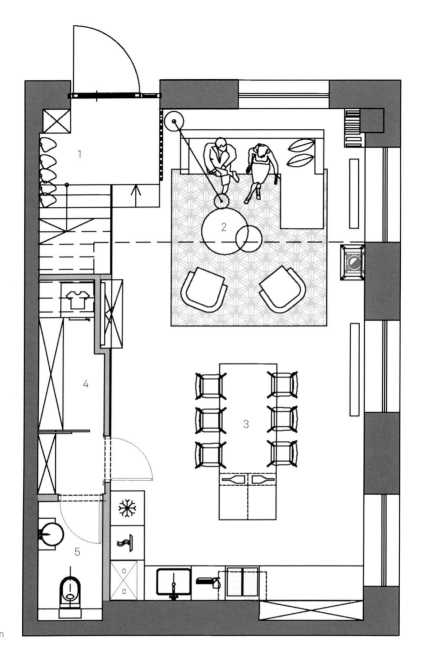

Lower floor plan

The bedroom on the upper floor has one wall made of glass; when the curtain is pulled back, the light can enter freely.

Un gran cristal separa el dormitorio ubicado en la parte superior, lo que permite que la luz llene el dormitorio cuando la cortina está recogida.

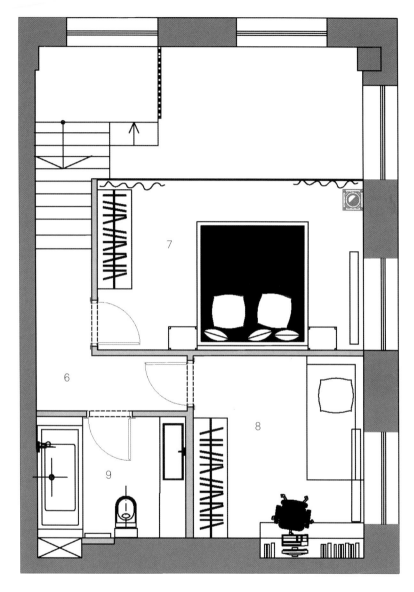

Upper floor plan

1. Entrance
2. Living room
3. Dining room
4. Storehouse
5. Toilet
6. Entrance to upper floor
7. Bedroom
8. Office
9. Bathroom

One of the loft's *leitmotivs* is the decorative wooden structure that separates the entryway from the living room; its design is replicated on the ceiling over the bed.

Uno de los *leitmotiv* del loft es la estructura de madera decorativa que separa la entrada de la sala de estar, y que es replicada en el techo de encima de la cama.

RADIO LOFT

INBLUM

Vilnus, Lithuania
85 m² | 914.93 sq ft
Photos © ANDREJS NIKIFOROVS

The result of experimentation with ideas, materials and solutions, this loft, located in a former radio manufacturing space, is one of the first open concept spaces designed as such in the city. Because of the clear unobstructed space the building had inherited from the building's industrial past, it was necessary to devise an open plan for all the functional zones. In addition, the industrial elements defining the space, such as the wooden roof beams, and the concrete beams that cross the space both horizontally and vertically, have been left exposed.

Fruto de la experimentación de ideas, materiales y soluciones, este loft, ubicado en un antiguo taller de fabricación de radios, es uno de los primeros espacios abiertos concebidos como tal de la ciudad. El área diáfana definida por el origen industrial del edificio obliga a planificar las zonas funcionales de forma totalmente abierta. También se decide dejar expuestos todos los elementos industriales que definen el espacio, como son las vigas del techo y las de hormigón que cruzan el espacio en horizontal y vertical.

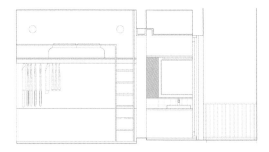

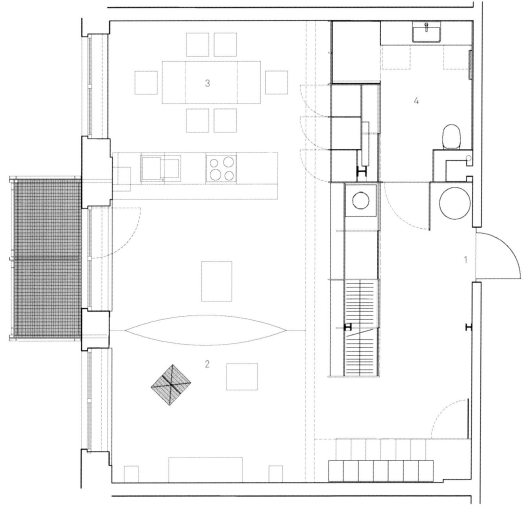

Floor plan

1. Entrance
2. Living room
3. Dining room / Kitchen
4. Bathroom

Taking advantage of the high industrial ceiling, the space is divided into two levels; the bedroom is upstairs, and the day zone and bathroom are below.

El espacio está dividido en dos niveles, aprovechando la altura del techo industrial; en la parte superior encontramos el dormitorio mientras que en el nivel inferior se ubica la zona de día y el baño.

The ductwork is exposed, and the lighting fixtures that were selected increase the industrial atmosphere.

Se conservan las cañerías al descubierto, y la decoración escogida en iluminación contribuye a incrementar la sensación de ambiente industrial.

VILA MATILDE

TERRA E TUMA

São Paulo, Brazil
95 m² | 1,022.57 sq ft
Photos © PEDRO KOK

Before it was remodeled, this house on the outskirts of the city had serious structural and sanitation problems. Because it was in an advanced stage of deterioration, it had to be rebuilt in the shortest time possible. The architects' studio took advantage of its experience with block structure to save time and money. The greatest challenge was to grapple with the structural problems in the neighboring buildings. This project was selected to represent Brazil in the 2016 International Architectural Exposition in Venice.

Antes de su reforma, esta vivienda situada en un barrio periférico de la metrópolis tenía serios problemas estructurales y sanitarios, y mostraba un avanzado estado de deterioro, por lo que había que reformarla en el menor tiempo posible. El estudio aprovecha su experiencia en el uso de la estructura de bloques para optimizar tiempo y costes. El mayor reto es lidiar con los problemas estructurales de las construcciones vecinas. Este proyecto ha sido seleccionado para representar a Brasil en la Bienal de Venecia del 2016.

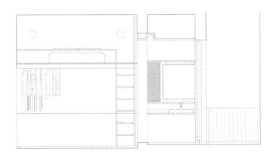

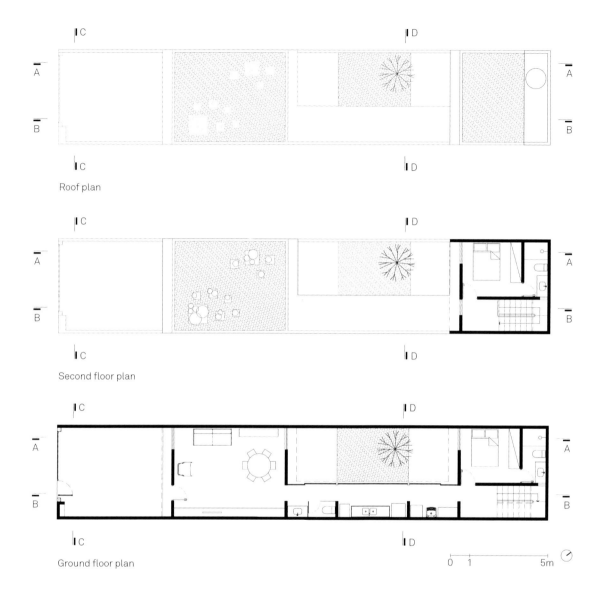

Roof plan

Second floor plan

Ground floor plan

0   1   5m

The lower floor holds the living room, bathroom, kitchen, laundry, and a suite. An inner courtyard that provides light and ventilation links the front and back sections of the home.

En la planta inferior encontramos la sala de estar, el baño, cocina, lavandería y una suite. Un patio interior, que proporciona luz y ventilación, articula la parte delantera con la parte trasera de la vivienda.

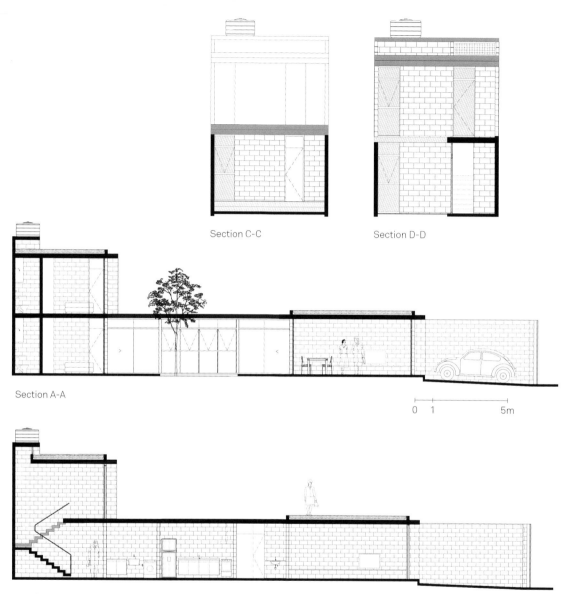

Section C-C

Section D-D

Section A-A

0 1   5m

Section B-B

The second floor has a guest room, and, right above the living room, there is a garden, which may be roofed over in the future if the family so desires.

La segunda planta incluye una habitación de invitados, y justo encima de la sala de estar encontramos un jardín, que podrá ser cubierto en un futuro si la familia lo necesita.

GO & JO LOFTS

FEDERICO DELROSSO ARCHITECTS

Milan, Italy
100 m² | 1,076.4 sq ft
Photos © MATEO PIAZZA

An old industrial building is used to create a pair of near-identical lofts for two brothers. For optimum use of the space, each dwelling has two levels. The second floor is a raised platform that is independent of the perimeter walls; it is supported on metal structures so as to have no impact on the overall four-story building. The railings separating the upper and lower floors are a continuation of the roof beams.

En un antiguo edificio de uso industrial se crean dos lofts prácticamente idénticos para dos hermanos. En cada espacio se establecen dos niveles de altura para aprovechar al máximo el área. La segunda planta es una plataforma alzada de forma independiente y separada de las paredes perimetrales que se apoya en unas estructuras de metal, de manera que no afecta al conjunto del edificio de cuatro plantas. Las barandillas que separan la parte superior de la inferior vienen a ser una continuación de las vigas del techo.

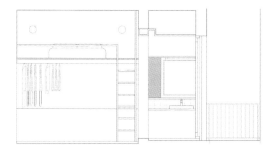

The optical illusion created by the railings mimicking the beam becomes the apartment's key characteristic, because it ends up being a sort of spine that supports the different spaces and functions.

El juego ilusorio que crean las barandillas emulando las vigas se convierte en la característica principal de la vivienda, pues acaba siendo una especie de columna vertebral que gestiona espacios y funciones.

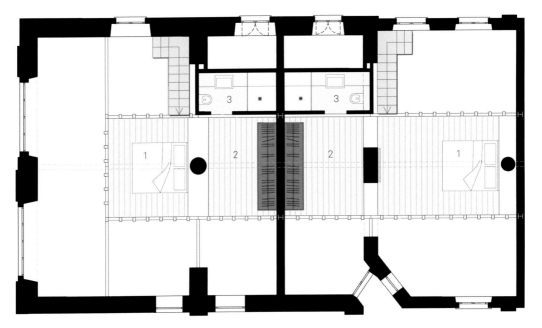

Second floor plan.
Left, Jo Loft . Right, Go Loft

1. Bed
2. Wardrobe
3. Bathroom

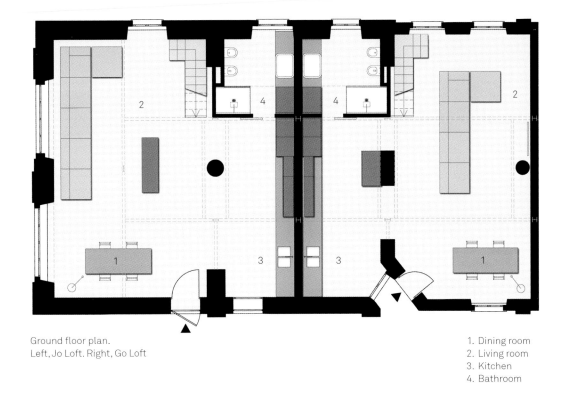

Ground floor plan.
Left, Jo Loft. Right, Go Loft

1. Dining room
2. Living room
3. Kitchen
4. Bathroom

The two lofts are designed to be almost identical, except that the upper floor in the right loft is larger, for structural reasons.

El diseño de los dos lofts es concebido prácticamente de forma equitativa, a excepción de la planta superior, que en el de la derecha tiene un poco más de superficie debido a elementos estructurales.

Another feature is the manner in which the exposed brick walls, which hearken back to the original design, contrast with the other walls, which are plastered and painted.

Otro de los elementos característicos de la vivienda es el contraste entre las paredes de ladrillo visto, respetando el diseño industrial original, con las paredes enyesadas y pintadas.

The project seeks to emphasize the cohesion between the two spaces, as well as their unique architectural mix of conservatism and modernity.

El proyecto quiere resaltar la cohesión entre los dos espacios, y su mezcla conservadora y contemporánea a la vez.

The location of the structural spine is another element that differs between the two homes. In the Jo loft it is almost in the center of the space, and in the Go loft it is practically attached to the wall.
Height is added to the upper floor walls, which measure only 2.1 meters, by placing cut glass beside the stone walls and structural columns.

La ubicación de la columna estructural es otro de los elementos distintivos entre las dos viviendas. Mientras que en el Loft Jo se encuentra casi en el centro del espacio, en el Loft Go queda prácticamente pegada a la pared.
Al lado de las paredes de piedra y las columnas estructurales se coloca vidrio cortado para dar verticalidad a la planta superior, de solo 2,10 metros de altura.

GREY LOFT

OOOOX ARCHITECTS

Ostrovského, Czech Republic
110 m² | 1,184.03 sq ft
Photos © MARTIN ZEMAN

In this two-story loft, materials for different surfaces are mixed, and run the gamut from white to pale gray. The size of the kitchen has been reduced to provide more room for moving around and for enlarging the access way through the French doors out to the terrace. For this same reason, a stainless steel island, which also functions as a dining table, has been added to the kitchen. On the other side is the bedroom, with a custom-made bed lit from below to create a floating effect.

En este loft de dos niveles se mezclan materiales para distintas superficies que van de una escalera de color del blanco al gris cálido. En la reforma se acorta la cocina, ganando espacio para moverse y dando amplitud al acceso a la terraza de puertas de estilo francés. Con este mismo fin se añade una isla de acero inoxidable a la cocina que hace las veces de mesa de comedor. Al otro lado encontramos la habitación, que dispone de una cama hecha a medida que se ilumina desde el suelo creando un efecto flotante.

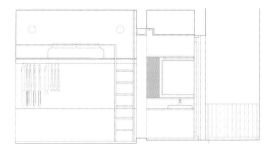

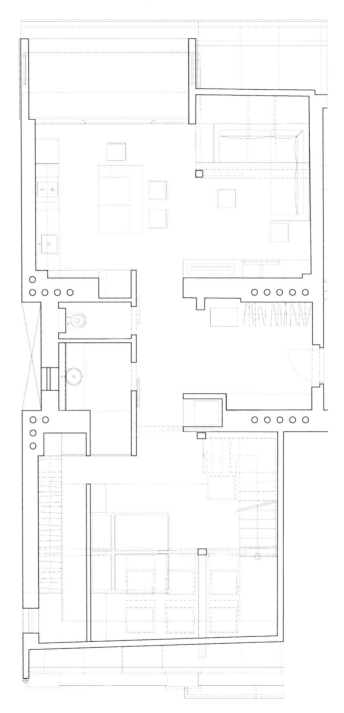

Upper floor plan

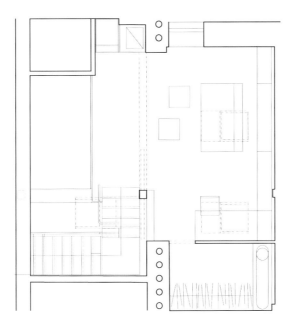

Lower floor plan

The new stainless steel stairway is less steep than the previous one, and also serves as a bookshelf.

Se reforma la escalera, reemplazando la anterior por otra con una inclinación más adecuada y confortable, hecha de acero inoxidable y que sirve también como estantería de libros.

Among the loft's key elements are the slanted roofs; also important are the creative uses made of the pre-existing structural components, such as the beams and exposed brick.

Uno de los elementos principales del loft son los techos inclinados y cómo se juega con los elementos estructurales que ya existían, como las vigas o paredes de ladrillo visto.

The upper level holds a study, or guest room, that overlooks the main space through a large glass divider; however, it has a curtain for privacy.

En la parte superior encontramos un estudio o habitación para invitados, que está abierta a la habitación principal a través de una gran cristalera y dispone de una cortina para ganar privacidad.

GROBER FACTORY LOFT

META STUDIO

Barcelona, Spain
110 m² | 1,184.03 sq ft
Photos © LLUÍS CARBONELL, AITOR ESTÉVEZ

In this remodel of an old textile factory, an attempt was made to preserve its natural spaciousness while still providing a certain level of privacy. The lower level consists of an area that is completely open, with the different environments being delineated by the use of different materials; and a night zone, with two bedrooms and a bath. The upper level, which directly overlooks the lower, holds an office, a bathroom, and a sitting room.

Remodelación de una antigua fábrica textil. Se quiere conservar su naturaleza diáfana a la vez que se desea tener un cierto grado de intimidad. En la planta baja nos encontramos con una zona completamente abierta, donde los ambientes están delimitados por los diferentes materiales utilizados, y con una zona de noche, que consiste en dos habitaciones y un baño. La planta superior está en conexión visual directa con la inferior y contiene una oficina, un cuarto de baño y un salón.

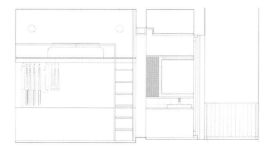

By using the enclosed room under the mezzanine for sleep, while also leaving the mezzanine open to the room below, the space is used as efficiently as possible without losing the feeling of openness.

Gracias al aprovechamiento del espacio cerrado bajo el altillo como zona de descanso, pero dejando éste abierto sobre la planta inferior, se consigue un aprovechamiento máximo del espacio sin perder amplitud.

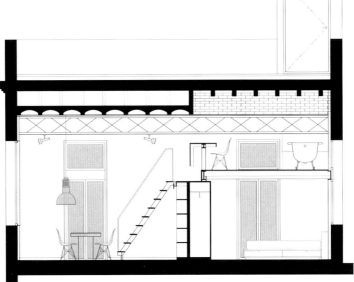

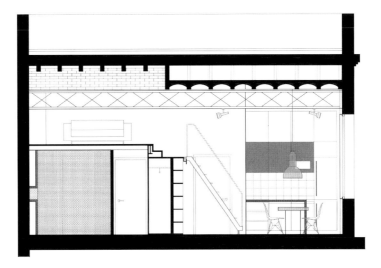

Cross sections

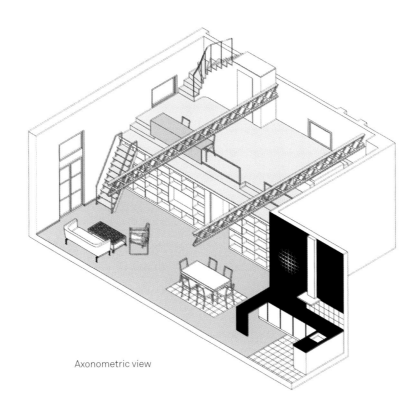

Axonometric view

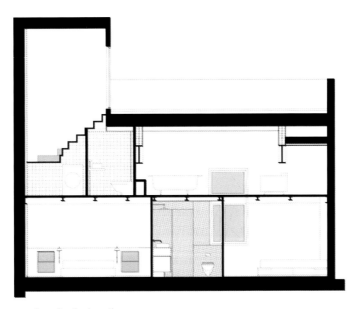

Longitudinal section

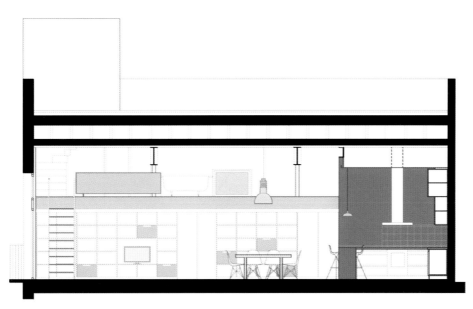

Longitudinal section

The work area is on the mezzanine floor overlooking the space below. It has a bathroom and can be turned into a guest room if needed.

La zona de trabajo está en el altillo, abierto sobre el espacio inferior, que dispone de un baño y puede convertirse en habitación de invitados en caso de necesidad.

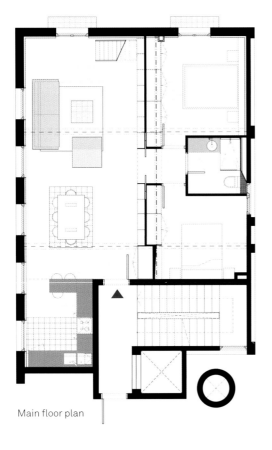

Main floor plan

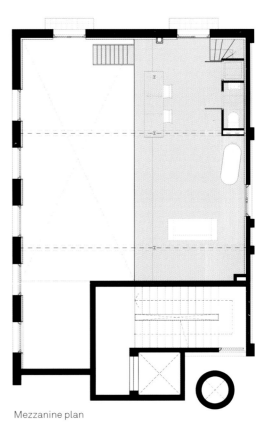

Mezzanine plan

One of the client's requirements was that there be a somewhat private sleeping area. This was achieved by siting the bedroom and bathroom under the mezzanine, and separating them from the main space with a bookcase.

Uno de los requisitos del cliente fue mantener una zona de descanso con una cierta intimidad, lo que se consiguió ubicando el dormitorio y el baño bajo el altillo, separados de la zona principal mediante una biblioteca.

LIGHT-FILLED DUPLEX

AXIS MUNDI / JOHN BECKMANN, NICK MESSERLIAN
AND RICHARD ROSENBLOOM

New York, NY, United States
120 m² | 1,291.67 sq ft
Photos © MIKIKO KIKUYAMA

It was an enormous challenge to condense all the functions of a home into this one-room space. However, because of the high ceiling, it was possible to lay it out on two levels. On the first floor can be found the kitchen and a generous living/dining space, bathed in natural light. A staircase leads to the bedroom on the second floor, which is the relaxation zone. The colors of the furniture, the decor, and the accessories are especially selected to enliven the overall architectural articulation.

Ha sido todo un reto condensar todas las funcionalidades de una vivienda en este espacio de una sola habitación. Se ha aprovechado la altura de techo para organizarla en dos niveles. En la parte inferior encontramos la cocina y un amplio salón-comedor bañado de luz natural. Una escalera permite acceso a la habitación en la planta superior, donde se ubica la zona descanso. El color de los muebles, la decoración y los accesorios son especialmente escogidos para animar toda la articulación arquitectónica.

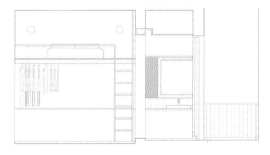

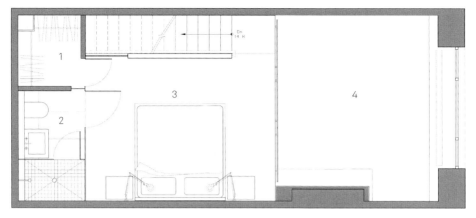

Mezzanine plan

1. Closet
2. Bathroom 2
3. Bedroom
4. Open to below

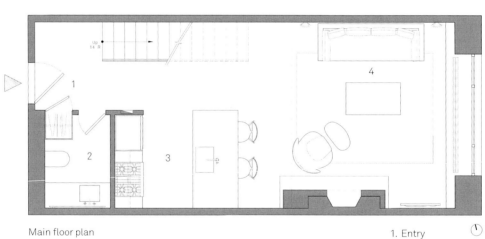

Main floor plan

1. Entry
2. Bathroom 1
3. Kitchen
4. Living room

The steel staircase leading to the upper room is attached to a side wall so that it takes up as little space as possible.

La escalera de acero que lleva a la habitación en la planta superior, está colgada en la pared lateral para ocupar el menor espacio posible.

In this luminous loft, with its white walls and hardwood floors, the only remnant of the previous flat is the enormous arched window.

En este luminoso loft de paredes blancas y suelos de madera, lo único que permanece del piso anterior es el gran ventanal en forma de arco.

Panels of frosted glass partition off the upper mezzanine; they allow light into the bedroom, while providing privacy for the residents.

Para permitir que la luz llegue a toda la habitación y a la vez proteger la intimidad del propietario, la barandilla del piso superior es de vidrio esmerilado.

OKUME HOME

PAOLA MARÉ (INTERIOR DESIGNER) & RAIMONDO GUIDACCI
(ARCHITECT)

Turin, Italy
120 m² | 1,291.67 sq ft
Photos © JANA SEBESTOVA

A former carpentry shop located in a courtyard is transformed into a modern loft. The lower floor contains the kitchen and the wood-encased main bathroom. The wall of the case that faces the kitchen becomes a storage space. Behind the sofa is a bookcase made of wood and iron; its lowest shelf continues along the wall to make a long bench. The multi-functional upper level holds the bedroom and an exposed bath tub.

Una vieja carpintería ubicada en un patio se transforma en un moderno loft. En la planta inferior encontramos la cocina y el baño principal, ubicado en una caja de madera. La pared de la caja que da a la cocina sirve como espacio de almacenaje. Detrás del sofá, encontramos una librería hecha de madera y hierro, cuyo estante inferior continúa por la pared formando un largo banco. El espacio de la planta superior sirve como área multifuncional, albergando el dormitorio con una bañera a la vista.

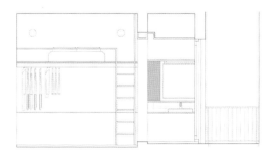

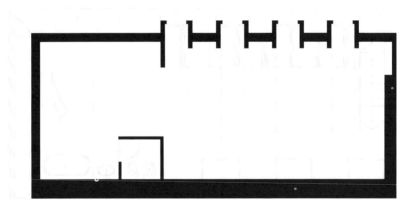

Second floor plan

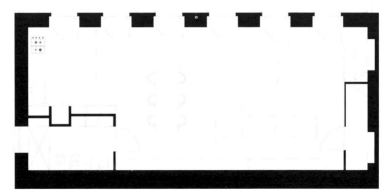

Ground floor plan

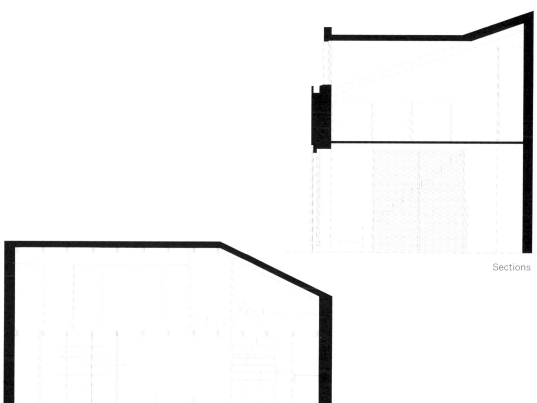

Sections

Tall windows run along the entire length of the first floor, which is the day zone; the light takes center stage and floods the entire space.

Unos grandes ventanales cubren toda la longitud de la planta inferior, donde se encuentran todas las zonas de día; la luz se convierte en protagonista e inunda todo el espacio.

A substantial part of the flooring in the upper level is made of glass; this connects it visually with the lower floor and brings in the light from below. This gives continuity and spaciousness to the entire abode.

Parte del suelo de la planta superior es una gran zona acristalada que la conecta visualmente con la planta inferior, y permite que circule la luz que proviene de esta, lo que da continuidad y amplitud a toda la vivienda.

LOFT IN LE PRÉ-SAINT-GERVAIS

BARBARA STERKERS

Le Pré-Saint-Gervais, France
130 m² | 1,399 sq ft
Photos © DAVID GILLES

This loft was created in the space formerly occupied by a factory. Because the central room had only one window, it was necessary to create more openings to the outside to add a sense of spaciousness to the living room. The polished glass ceilings over the bathrooms and the living room stairs help highlight the play of the natural light that circulates throughout. The color white, used on all the surfaces, including the floor, walls, and trim, heightens the sense of airiness.

Este loft ha sido creado en el espacio que ocupaba una antigua fábrica. En el ambiente central solo había una ventana, con lo que fue necesario crear más aperturas al exterior para dar sensación de amplitud a la sala. El vidrio pulido que cubre los baños o las escaleras de la sala de estar contribuye a reforzar el juego de luz natural que circula en la casa. El color blanco en todas las superficies, así como el suelo, paredes y carpintería, refuerza la sensación de diafanidad de la vivienda.

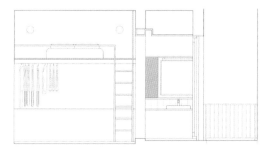

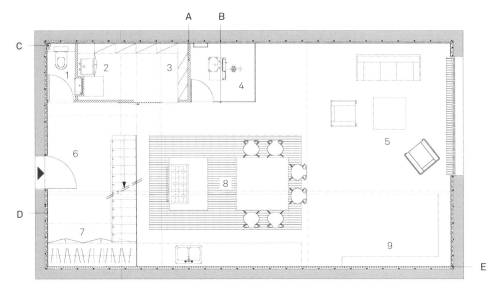

Main floor plan

A. Partition placostyle 7 cm
B. Translucid glass
C. Evacuation
   Water level
D. Wall insulation
   Vapor barrier
   Rockwool + BA13
E. Evacuation

1. Toilet
2. Utility room
3. Cellar
4. Bathroom
5. Living room
6. Entrance
7. Dressing entry storage
8. Dining room / Kitchen
9. Library

An iron staircase leading to the upper level is a perfect match for the metal structure of the roof beams, and helps achieve visual continuity between the two spaces.

El acceso a la zona superior se realiza mediante una escalera de hierro, que combina perfectamente con la estructura metálica de las vigas del techo, logrando una continuidad visual entre los dos espacios.

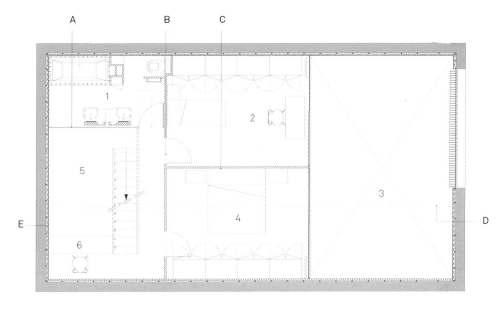

Mezzanine plan

A. Translucid glass
B. Isopplane door
C. Isophonic partition placostyle 7 cm
D. Metal gantry
E. Wall insulation
   Vapor barrier
   Rockwool + BA13

1. Bathroom
2. Room 2
3. Empty space over the living room
4. Room 1
5. Empty space over the entrance
6. Office

The refurbished iron beams crossing the space were once part of the original construction. They are among the key features of this loft, as they have a look that is simultaneously industrial and modern.

Las vigas de hierro que recorren el espacio, reformadas de la anterior construcción, son uno de los elementos protagonistas de este loft, dotándolo de un aire a la vez industrial y moderno.

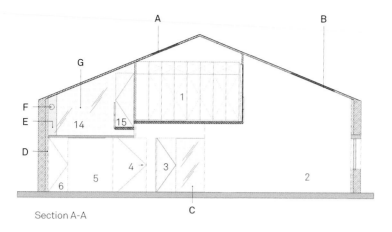

Section A-A

A. Laminated glazing / tempered
   Thermal summer / winter + anti intrusion
B. Canopy opening 5240 x 1950 mm
   Metal frame
   Laminated glazing / tempered
   Thermal summer / winter + anti intrusion
C. Translucid glass
D. Wall insulation
   Vapor barrier
   Rockwool + BA13
E. Stainless steel plate with cutout for VMC
F. VMC
G. Translucid glass

1. Room 2
2. Living room
3. Bathroom
4. Cellar
5. Utility room
6. WC
14. Bathroom
15. Catwalk

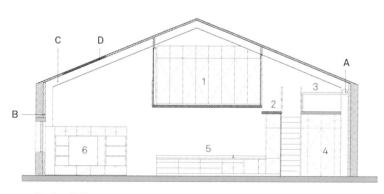

Section B-B

A. VMC
B. Wall insulation vapor barrier rockwool + BA13
C. Metal frame
D. Canopy opening 5240 x 1950 mm
   Metal frame
   Laminated glazing / tempered
   Thermal summer / winter + anti intrusion

1. Room 1
2. Catwalk
3. Office
4. Dressing entry
5. Kitchen
6. Living room